Todos los libros de Linkgua Ediciones cuentan con modelos de Inteligencia Artificial entrenados por hispanistas. Pregúntale al chat de tu libro lo que desees acerca de la obra o su autor/a.

Para ebooks: Accede a nuestro modelo de IA a través de un enlace.

Para libros impresos: Escanea el código QR de la portada con tu dispositivo móvil.

Obtén análisis detallados de nuestros libros, resúmenes, respuestas a tus preguntas y accede a nuestras ediciones críticas generativas para una experiencia de lectura más enriquecedora.
La transparencia y el respeto hacia la autoría de las fuentes utilizadas son distintivos básicos de nuestro proyecto. Por ello, las respuestas ofrecen, mediante un sistema de citas, las fuentes con las que han sido elaboradas.

José Joaquín Fernández de Lizardi

# Antología

Barcelona 2025
Linkgua-ediciones.com

## Créditos

Título original: Antología.



e-mail: info@linkgua.com

Diseño de cubierta: Michel Mallard.

ISBN rústica ilustrada: 978-84-9897-370-9.
ISBN tapa dura: 978-84-1126-046-6.
ISBN ebook: 978-84-9897-857-5.

# Sumario

# Brevísima presentación

## La vida

José Joaquín Fernández de Lizardi (1776-1827). México.

Hijo de Manuel Fernández de Lizardi y Bárbara Gutiérrez. Nació en la Ciudad de México.

En 1793 ingresó en el Colegio de San Ildefonso, fue bachiller y luego estudió teología, aunque interrumpió sus estudios tras la muerte de su padre.

Hacia 1805 escribió en el periódico el Diario de México. En 1812, tras las reformas promulgadas por la Constitución de Cádiz, Fernández de Lizardi fundó el periódico *El Pensador Mexicano*, nombre que usó como seudónimo.

Entre 1815 y 1816, publicó dos nuevos periódicos: *Alacena de frioleras* y el *Cajoncito de la alacena*.

En mayo de 1820, se restableció en México el gobierno constitucional y, con la libertad de imprenta, fueron abolidas la Inquisición y la Junta de Censura. Entonces Fernández de Lizardi fundó el periódico *El conductor eléctrico*, a favor de los ideales constitucionales; y apenas unos años después, en 1823, editó otro periódico, *El hermano del Perico*.

Su último proyecto periodístico fue el *Correo Semanario de México*.

Murió de tuberculosis en 1827 y fue enterrado en el cementerio de la iglesia de San Lázaro.

# El grito de libertad

## Personajes

El cura Hidalgo
El capitán Allende
Abasolo
Aldama
Diez payos, armados con carabinas y machetes
Anselmo, viejo labrador abuelo de
Jacinto, joven pretendiente de
Rosa, hija de
Casilda, vieja
Inés, viuda con una hija doncella y tres niños
Nicolás, mozo del capitán Allende
El Alcaide, de la cárcel
Pueblo

## Acto I

El Acto I se representa en una sala grande y decente del cura Hidalgo, con el adorno común. Hidalgo, Abasolo y Aldama.

Hidalgo Mucho tiempo hace, amigos míos, que lloro en el silencio la suerte desgraciada de nuestra patria. Oprimida trescientos años ha por el duro gobierno español, poseídas las benéficas órdenes que tal cual monarca ha dictado a su favor, solo hemos experimentado desprecios y maltrato general de los mandarines que envían a gobernarnos. Los empleos honoríficos y pingües son exclusivos para los españoles: el ser americano es un impedimento para obtenerlos. La contraseña de los pretendientes españoles es bien sabida; don Fulano de tal, dicen en sus solicitudes, natural de los reinos de Castilla y compañía: de esta manera hechos dueños del gobierno, se han hecho dueños del comercio, de las haciendas de labor, de las minas y de nuestras fortunas, dejándonos únicamente el trabajo material para comer, porque ni los auxilios que proporciona la industria se nos permite. Yo mismo he querido fomentar en este pobre pueblo el cultivo de las viñas.
Sí, yo he plantado algunas por mi mano, y no se ha permitido fabricar vinos porque

se expendan los que nos traen de España. De este modo, habiendo nacido entre la riqueza y la abundancia, nos hallamos herederos de una subsistencia muy precaria, precursora infalible de la mayor miseria.

Si tal es la suerte de los criollos, esto es de los hijos del país que descienden de padres españoles, ¿cuál será la que sufren los infelices indios? Por fin, de aquéllos uno que otro obtiene algún empleo, aunque no de la primera jerarquía, y no faltan algunos descendientes de los conquistadores que poseen ricos mayorazgos; pero, ¡los indios!, los indios, los hijos naturales de este país, los descendientes de sus legítimos señores, yacen simados en la estupidez y la miseria. Trescientos años hace que pintó su vida miserable el señor Casas, y en tanto tiempo no han avanzado un paso a su favor. Siempre educados en la superstición y la ignorancia, y seguidos del abatimiento y la desdicha, ni tienen talento para conocer sus derechos usurpados, ni valor para poderlos reclamar.

Ellos, los infelices, son los que más han sufrido el rigor español en todos tiempos; y no solo de los españoles, sino de los criollos o de los hijos de ambas naciones. Si el gobierno español los abruma con tributos, los demás los oprimen con toda clase de gabelas y con un trato duro, altivo, inflexible. Los párrocos, que por su instituto debían ser los que les ministrasen el pasto espiritual con dulzura, con caridad y con desinterés, son, con excepción de pocos, los que les venden los sacramentos a un precio muy caro y muy prohibido. Los indios y las indias han de ser unos esclavos de los curas, los han de servir y los han de mantener, y si no los azotes y las bofetadas andan listos.

Mi corazón jamás ha podido soportar estas crueldades, ni el orgullo español ni la postergación de nuestro mérito por la colocación del paisanaje.

Por otra parte, siempre he advertido con dolor que separada la América de España por un inmenso océano, la naturaleza le avisa que ha sido criada independiente de la Europa. La vasta extensión de su terreno, cuyos límites no se conocen todavía, le han granjeado con razón el epíteto de Nuevo Mundo; pero un mundo lleno de riquezas y abundancia. Sí, la América no necesita nada de lo más precioso que producen las tres partes del globo; en sí misma lo tiene todo sobradamente. Las perlas y diamantes, el oro y platas, el fierro y el azogue, el algodón, la azúcar, el café, el cacao, la vainilla... en fin, todos los frutos que produce la Europa los tenemos con otros más preciosos, exclusivos solo de nuestros climas, como la grana, quina y otros muchos.

Ni los talentos faltan a los americanos para elevar la industria a la perfección, que las naciones extranjeras. La ambición e ignorancia de la España, contentándose con

extraer nuestro oro, y nuestra plata, para derramarla en las demás potencias, se ha desentendido de las verdaderas riquezas de este suelo, y ha educado a sus hijos en los vicios, en la ociosidad y en la apatía; porque no solo no ha premiado los talentos americanos, sino que los ha procurado sofocar en cuanto ha estado de su parte.
Ésta es la causa de ese encogimiento, de esa pusilanimidad de los criollos, que parece que no saben ni hablar. Yo me lamento, amigos, yo suspiro a mis solas por nuestra triste esclavitud: conozco que ya no es tiempo de sufrirla: la América debe ser libre para que sea feliz: las circunstancias todas le convidan a romper los ominosos lazos conque la aprisiona su metrópoli: los acaecimientos de Bayona le proporcionaron una ocasión muy ventajosa; pero no supo aprovecharlos. No se encuentra entre nosotros un Washington que arrostre los peligros y haga la libertad de su nación.
Iturrigaray, ese virrey prudente que sabía conciliar la fidelidad al rey con nuestros intereses, ya estaba resuelto a crear una junta que sin reconocer a la de Sevilla, convocase a las Cortes del reino. Tal paso hubiera sido muy avanzado a nuestra independencia; pero una facción de oidores y acaudalados destruyeron sus planes una noche. ¡Pluguiese a Dios que se borrase su memoria en la cronología de nuestros tiempos!

Os acordáis, amigos: ahora dos años, el de 808, una turba de forajidos y tunantes se lanzaron al real palacio, sorprendieron a Iturrigaray, atropellaron a su esposa, lo arrastraron a la Inquisición con ignominia para hacer creer al pueblo que era hereje, y no contentos con tantas tropelías, insultaron al pacífico pueblo mexicano, atribuyéndole por rotulones públicos una traición de que solo fueran capaces los Batallares y Aguirres, los Yermos y Lozanos y otros tales.
Desde entonces las cosas van de mal en peor. Estamos amenazados por los franceses orgullosos con sus victorias, y la nación yace abismada entre el temor y la más justa desconfianza. Yo, a pesar de mi edad, de mis enfermedades y mi estado, he resuelto libertar a mi patria o sacrificar la vida en la demanda.
Todos los planes están bien combinados; lo sabéis, y si os he hecho esta prolija relación, ha sido por recordaros vuestros derechos y los peligros de la patria. ¿Qué me decís?, ¿os halláis con la misma resolución que siempre para acompañarme en esta empresa?

Aldama — Yo, señor cura, antes de decidirme titubeo; pero una vez decidido no retrocedo de mi resolución.

Abasolo — Y yo lo mismo. Os ayudaremos impertérritos en la gloriosa empresa, y moriremos si necesario fuere, pues morir por la patria es inmortalizarse.

Hidalgo — Amigos míos: no esperaba otra respuesta de vuestro honor y vuestro patriotismo. La causa que vamos a defender es la más justa, el Dios de las batallas esforzará vuestros valientes brazos y os conducirá a la victoria, así como...

Aldama — Señor, parece que a la puerta llega gente.

Hidalgo — (Adentro.) Sale Anselmo viejo, sosteniéndose en el brazo de su nieto Jacinto, joven labrador.

Anselmo — Señor cura, muy buenos días dé Dios a su merced.

Hidalgo — Así se los dé Dios, tata Anselmo. ¿Qué anda usted haciendo por acá?

Anselmo — He recibido un recado de su merced, y vine a saber qué es lo que me manda.

Hidalgo — Es verdad que lo mandé llamar. Espérese un poco.

Anselmo — Sí, señor.

Hidalgo — Siéntese usted. Vaya, en aquesta silla estará cómodo.

Anselmo Dios se lo pague, señor cura: ya los años me agobian, y no puedo salir a la calle sino teniéndome de este muchacho.

(Entra precipitada y llorando Inés, vestida de negro, con una joven y tres muchachillos pobremente vestidos.)

Inés Señor cura, soy la mujer más infeliz del mundo; pero lo seré mucho más si no hallo amparo en su presencia...

Hidalgo Vamos, doña Inés, usted serénese y cuénteme sus cuitas.

Inés ¡Ay, señor cura!, mi pena es la mayor irremediable... Ha muerto mi marido...

Hidalgo ¿Qué, don Carlos murió?

Inés A media noche acabó de expirar... ¡Ay infelice!, esta pobre doncella... mis tres hijos...

Hidalgo Serénese, señora, en este instante solamente la religión nos presta los consuelos necesarios. Advierta usted que todos los hombres nacemos sujetos a la muerte; que este tributo es forzoso pagarlo a la naturaleza, que la vida no es la cosa más grata, sino una cadena no interrumpida de pobrezas, enfermedades y miserias, de cuya carga insoportable nos liberta la muerte a un solo golpe. Su marido de usted era ya anciano, su enfermedad era crónica y demasiado dolorosa: él vivía en un tormento continuado, y con sus ayes afligía sin cesar el corazón de usted. Ha muerto; pero ya su cuerpo dejó de padecer y su espíritu descansa en su creador; ¿qué más consuelo puede usted apetecer? ¿Lo amaba usted con ternura?, pues consuélese también con la esperanza de que en el último día de los tiempos lo volverá usted a ver para no perderlo jamás.

Inés ¡Ay, señor cura!, esos consuelos son muy buenos; pero yo no tengo ni con qué pagarle a usted los derechos del entierro. Con su larga enfermedad he vendido mis animalitos; ni qué vender ni qué empeñar...

Hidalgo Basta, doña Inés; ya sé el estado de pobreza a que se halla usted reducida. La compadezco y procuraré aliviarla en cuanto pueda. Dé usted un recado de mi parte al padre vicario, para que esta tarde le dé sepultura al cadáver, diciéndole que se entienda conmigo, que ya usted me satisfizo los derechos. Prosiga usted cuidando de la educación de estos niños, que ya veremos cómo se hacen útiles, y por ahora llévese ese socorrillo para que coman unos días.

(Le da unos pesos.)

Inés (Llorando.) Señor cura, usted es nuestro padre, nuestro benefActor... Queridos míos: besad la mano a vuestro nuevo padre.

(Aquí arrodilla a sus hijos a los pies de Hidalgo: ellos le abrazan por las rodillas, la doncella con el pañuelo a los ojos le besa una mano; el cura los levanta y acaricia.)

Sí, besad esa mano liberal que derrama los consuelos en el seno de una familia desgraciada.

Hidalgo Basta, señora; basta, hijitos: levantaos. ¡Pobrecillos!, las inocentes lágrimas que lloran, son hijas de la más pura gratitud.

La joven ¡Ay padre!, yo no sé cómo dar a usted las gracias por la caridad que ha usado con nosotras.

Hidalgo Hija mía: nada he hecho que no debiera hacer en este caso, ni nada tenéis que agradecerme. Ahora se necesita...

(Entra Casilda con su hija Rosa.)

Casilda Ave María Purísima. Muy buenos días dé Dios a su merced.

Hidalgo Téngalos usted muy buenos, tía Casilda; ¿cómo va?

Casilda — Pasando, señor cura, pasando con estas piernas tan hinchadas que no puedo dar paso, que a no ser por el recado que recibí esta mañana de su merced para que viniera, no me hubiera levantado de la cama.

Hidalgo — ¡Válgame Dios!, pues ¿qué estaba usted en cama?

Casilda — Sí, señor cura: esta hidropesía y esta tos (tose) ya me van llevando a la sepultura.

Hidalgo — No sabía yo la gravedad de usted, que a saberla, la hubiera ido a ver para excusarle esta incomodidad.

Casilda — ¡Ay!, no lo permita Dios, señor cura; ¿cómo era eso capaz?

Hidalgo — Vamos, siéntese usted, descanse.

Casilda — Sea por amor de Dios.

(Siéntala junto al viejo.)

Hidalgo — Pues he llamado a ustedes dos para esto. Jacinto me ha dicho que se quiere casar con Rosita...

Los dos viejos — No lo permita Dios: ni por pienso, ni por pienso.

Hidalgo (A sus amigos.) Es menester tolerarles a estos pobres sus necedades.

Aldama Solamente la paciencia de usted...

Hidalgo No tengo mucha; pero si el pastor no sobrelleva a sus ovejas, ¿cómo las sufrirán los de la calle? Vaya, déjense de regañar a los muchachos. Usted tío Anselmo, dígame, ¿por qué no quiere que se case Jacinto con Rosita?

(Mientras el cura habla con los capitanes, los viejos están regañando a sus hijos.)

Anselmo Ni con Rosita, ni con nana Rosa, ni con mujer ninguna se ha de casar Jacinto, mientras viva.

Hidalgo ¿Pero por qué razón?, la muchacha no lo desmerece; yo sé que es muy mujercita y muy honrada.

Anselmo Ella será una santa, señor cura, pero yo no quiero que se case Jacinto con ella.

Casilda Ni yo quiero que se case Rosa con él; ¿qué, yo le ruego, o he mandado padres descalzos a que le pidan a su hijo? Había de ser mejor.

Anselmo Mejor o peor, él no se ha de casar con ella.

Casilda No, ni ella con él.

Hidalgo — Eso ya es perderme el respeto. Cada uno de ustedes ha de hablar conmigo y nada más.

Casilda — Sí, señor cura, usted me dispense; pero como señor Anselmo trata de despreciar a mi hija: si yo hubiera querido, días hace que se hubiera casado y muy bien.

Abasolo — ¿Con quién, tía Casilda?

Casilda — Con el sacristán de la parroquia. (Ríense todos.) No, no se rían ustedes. Pregúntenselo a él que no me dejará mentir.

Hidalgo — Pues ahora yo le suplico que nos deje hablar. Vaya, tío Anselmo, ¿por qué no quiere usted que se case Jacinto?

Anselmo — Porque no tiene la edad suficiente.

Hidalgo — Eso no le hace, la ley lo puede habilitar dando usted su licencia.

Anselmo — Pero, señor cura, no conviene.

Hidalgo — ¿Por qué? ¿Sabe usted que tenga algún impedimento?

Anselmo — No, señor.

Hidalgo — Pues entonces es capricho de usted.

Anselmo — No, señor, no es capricho, sino muchísima razón. Oiga usted; yo soy un pobre viejo, tengo ochenta y siete años, para servir a usted; estoy muy enfermo y ya no puedo trabajar. Mi mujer es otra pobre vieja, que está tullida en una cama. No tenemos quién nos socorra sino este muchacho, que es nuestro nieto, y apenas gana para que medio comamos. Si se casa, es fuerza que primero atienda a su mujer, y entonces también será fuerza que nos muramos de hambre. Nos moriremos, y entonces que se case con quien quisiere.

Hidalgo — ¡Válgate Dios, y a lo que obliga la miseria! Y usted tía Casilda, ¿por qué no quiere que se case Rosita?

Casilda — Porque no, señor, porque no.

Hidalgo — Ésa no es razón: dígame usted la verdad como el tío Anselmo.

Casilda — Pues, señor, no quiero porque Jacinto apenas gana con qué mantenerse con sus padres: si se casa, se aumenta la familia y es de esperar que mi hija ande en cueros y muerta de hambre, y para eso, mejor está en su casa.

(El cura a Aldama y Abasolo.)

Hidalgo Vean ustedes uno de los mayores perjuicios que la pobreza trae a la sociedad; la falta de la población. Estos jóvenes se aman, y sus padres embarazan su enlace únicamente porque es pobre Jacinto. ¿No es esto?

(A los viejos.)

Los viejos Sí, señor, por eso.

Hidalgo Y si yo encontrase un arbitrio para que Jacinto pudiera mantener a su mujer, sin faltar a socorrer a sus padres, ¿lo dejará usted casar, tío Anselmo?

Anselmo ¡Oh, señor! entonces, ¿por qué se lo había de estorbar?

Hidalgo Lo mismo digo a usted señora: si yo salgo por fiador de Jacinto, de que siempre tratará bien a su niña y que no le faltará nada, según su clase, ¿consentirá usted en sus bodas?

Casilda De mil amores, señor cura, de mil amores. ¿Yo qué puedo querer sino darle gusto a la muchacha? Ella ya es grandecita, y el cuerpo le pide matrimonio. Sobre que a todos nos gusta casarnos. Yo también me casé, y con mi viejecito cuento cinco maridos, con bien lo diga.

Hidalgo — Adiós, pues, todo está hecho. Voy a poner a Jacinto que administre mi fábrica de loza, y a Rosita la enseñaremos a criar los gusanos y que saque su seda, con cuyos auxilios no les faltará lo preciso.

Los jóvenes — Señor, ¿con qué pagaremos tan grandes beneficios?

Hidalgo — Con quererse mucho, con trabajar y con no olvidar a sus padres ni dejar de socorrerlos, para que os colme Dios de bendiciones.

Anselmo — La mía te alcance, hijo Jacinto.

(Bendícelo.)

Casilda — Y las mías a los dos, aunque mala y pecadora.

(Bendice a los dos a dos manos.)

Inés — Repito mis agradecimientos, señor cura, y con el permiso de usted me retiro; me he dilatado por saber lo que usted mandaba, pues cuando entró esa señora dijo a Tulitas, que era preciso no sé que cosa.

Hidalgo — Ah, sí, le iba a decir que es preciso que esto no lo publiquen, pues no hay para qué.

Inés ¿Cómo no? ¿Cómo es posible que esté oculta tanta virtud? Cuando no se puede corresponder un beneficio, es un desahogo publicarlo.

Hidalgo Pues yo le encargo a usted que omita esos desahogos, pues cuando cumplo con los deberes que me impone la humanidad, me es repugnante que se cacareen mis acciones.

Inés En usted es un deber el ocultar su caridad, en mí fuera una ingratitud el no reconocer y confesar los beneficios que me acaba de hacer. No, yo lo publicaré por todas partes. Usted ha sido mi paño de lágrimas, y el iris que ha serenado la tempestad de dolor, en que se anegaba mi corazón. Fuera de que, ¿qué importa que yo deposite en el silencio esta acción, cuando el carácter benéfico de usted es público en todo el pueblo de Dolores, y sus contornos? ¿Es verdad, señores, que nuestro cura Hidalgo es el genio mismo de la beneficencia? ¿Podrán ustedes no agradecer los favores que le acaban de recibir?

Jacinto De ninguna manera. El señor cura convenciendo a mi padre, me ha hecho feliz, pues lo seré al lado de mi Rosa.

Rosa Y yo lo seré al tuyo por su prudente mediación.

Anselmo — Usted es, señor, el padre de los pobres.

Casilda — Nuestro benefactor.

Inés — Nuestro consuelo.

Hidalgo — Basta, hijos, basta. Vuestra generosidad me enternece y yo quisiera poder haceros verdaderamente felices.

Inés — Sí lo seremos, mientras usted nos viva.

(Toda esta escena es abrazándolo, y besándole la mano, y él abrazando a todos.)

Anselmo — Así lo pediremos al Todopoderoso.

Inés — Él conserve su vida, porque siempre digamos que viva nuestro padre.

Anselmo — Nuestro amparo.

Todos — Y viva siempre el cura de Dolores.

Telón

## Acto II

La misma sala, y saliendo de otra pieza Hidalgo y los capitanes.

Hidalgo — Muy buena siesta han dormido ustedes, caballeros.

Aldama — Sí, señor cura; no ha sido mala.

Hidalgo — Sentémonos, y tomaremos chocolate mientras llegan nuestros tertulianos.

(Siéntanse.)

Aldama — Sea enhorabuena.

Abasolo — ¿Conque usted tiene su tertulia todas las noches?

Hidalgo — Las más. La música me deleita demasiado y aunque aquí no puede disfrutarse una excelente orquesta, sin embargo, a costa de trabajo y dinero he conseguido poner una muy razonable, con la que les he hecho una escoleta a mis inditos, que son muy aplicados; y no solo saben ya el canto llano, sino algo de buena música; de suerte que un día de función clásica de iglesia no es desagradable en Dolores.

(Sacan chocolate y luces, y mientras lo toman sigue el diálogo.)

| | |
|---|---|
| Aldama | Si todos los curas tuvieran la eficacia de usted bien pudieran tener su escoleta en todos los pueblos, y no que en los más es una irrisión una función clásica. |
| Abasolo | ¡Jesús!, por no sufrir el rechinido de los violines de pita, y raca raca de aquellas malditas guitarras conque aporrean los oídos menos delicados, se puede uno quedar sin misa. |
| Hidalgo | Lo peor es aquella sarta de desatinos que cantan en los coros. ¡Pobres indios!, los hacen blasfemar. Ya se ve, no saben hablar el castellano, ¿cómo es posible que pronuncien el latín correctamente? |
| Aldama | Y qué, ¿ahora vienen los inditos a ensayar algunas vísperas o misa? |
| Hidalgo | Misa no es; pero pueden ser vísperas. |
| Abasolo | ¿Vísperas de qué, señor cura? |
| Hidalgo | De nuestra libertad. |
| Abasolo | No entiendo a usted. |
| Aldama | Ni yo. |

Hidalgo — Pues ahora lo entenderán. No son los indios los que componen mi tertulia, sino algunas muchachas decentes y jóvenes honrados del pueblo, que son muy aficionados y no tienen malas voces. Yo les hago sus letrillas y pago la música, y ellos se adiestran y me divierten.

Abasolo — ¿Y qué tienen prevenido para esta noche?

Hidalgo — Una marchita patriótica que están ensayando.

Abasolo — De todo saca usted partido a beneficio de la patria, hasta de la música y de sus diversiones caseras.

Hidalgo — Es preciso entusiasmar a nuestros paisanos, hacerles conocer sus derechos, la opresión en que viven y lo dulce que es la libertad. Sí, es menester no descuidarse un punto en esto; sino trabajar con tesón en las concurrencias, en los púlpitos, en los estrados, y en todas partes, en prosa y en verso, en todos los idiomas que aquí se hablan: con la lengua, con la pluma y con los violines y las flautas.

Aldama — No puede usted negar su grande patriotismo.

Hidalgo — Él es mi pasión favorita. Como yo vea a mi patria libre, más que al momento cierre mis ojos la muerte para siempre.

Aldama — Con media docena de curas como usted y otra media de militares como Allende, la cosa era hecha en cuatro días.

Hidalgo — Ella se hará aunque sea en veinte: yo no pierdo las esperanzas. Contamos con lo más necesario para lograr la empresa, que es la razón y la opinión, y el cielo no desamparará tan justa causa.

Aldama — Yo lo creo; mas por ahora solo deseo que lleguen las muchachas, y que canten, pues no veo la hora de oír la letra que será como de usted.

Hidalgo — Nada tiene de particular: su estilo es muy sencillo y natural, tal como se necesita para que lo entiendan los autores; pero respira patriotismo.

Aldama — Eso es lo mejor que puede tener.

Abasolo — Ya creo que vienen, según el tropel de la escalera.

(Levántase, sale de la primera pieza, y vuelve a entrar alborozado.)

Ellos son, ellos son. Aquí están.

(Entran los que cantan.)

Uno Señores, muy felices noches.

Hidalgo Amigos: bienvenidos, ya culpábamos la dilación de ustedes.

Uno Por venir reunidos de una vez, nos hemos dilatado un poco más; pero aún no son las siete.

Hidalgo Es muy buena hora. ¿Qué tal saben letra?

Uno Perfectamente.

Hidalgo Pues siéntense, mientras los músicos tocan la obertura que tienen prevenida.

Todos Enhorabuena.

(Se sientan; la música toca una solemne obertura, y concluida se levantan todos, menos Hidalgo y los capitanes, y cantan la siguiente marcha.)

Coro A las armas corred, mexicanos
de la patria el clamor escuchad,
baste ya de opresión vergonzosa,
libertad pronunciad, libertad.
Después de tres centurias
de dura esclavitud,
busquemos la salud,
basta de padecer.
España sin monarca,
Fernando ya en Bayona,

abdicó la corona,
y quedamos sin rey.

Coro

La junta de Sevilla
compuesta de anarquistas,
de intrusos y de egoístas,
darnos quiere la ley.
No estamos en el caso
de sufrir más cadenas,
basta, basta de penas,
ya no hay que obedecer.

Coro

Alarma, mexicanos,
viva la libertad;
todos os preparad
por si viene el francés.
Ya la América joven
emanciparse quiere,
su libertad prefiere
al gobierno de un rey.

Coro

Sabio Iturrigaray,
viendo nuestros derechos,
dejarlos satisfechos
quiso según la ley.
Pero una facción fiera
de oidores y traperos,
burlaron los esmeros,
de aquel justo virrey.

Coro

Los inicuos autores
de tan atroz traición,

hacen la desunión
de este mundo de aquél.
Si al virrey no respetan
porque no es de su gusto,
¿por qué en lo que es injusto
hemos de obedecer?

Coro — De ninguna manera
de tan sagrado intento,
dude mi pensamiento;
libres hemos de ser.
Libres, libres seremos,
porque libres nacimos,
mas yugo no admitimos,
o morir o vencer.

Hidalgo — (A sus compañeros.) ¿Qué les ha parecido a ustedes?

Aldama — La letra y la música muy buenas, y el espíritu que la dictó inmejorable. Lo que me hace mucha fuerza es la satisfacción con que la han cantado.

Hidalgo — Todos estos señores que usted ve, son amigos de toda mi confianza.

Aldama — ¿Conque son muy buenos patriotas, según eso?

Hidalgo — Sí, excelentes. En mi casa no entran serviles ni chaquetas.

Abasolo — Muy bien hecho: en este caso no está por demás ninguna precaución, y menos ahora que está el espionaje muy recomendado y...

(Entra un payo precipitado con una carta.)

Payo — Ave María. ¿El señor cura dónde está?

Hidalgo — Aquí estoy, Nicolás, ¿qué se ofrece?

Payo — Mi amo el señor don Ignacio Allende le manda a su mercé esta carta.

(Dásela: el cura lee para sí, se queda suspenso y al cabo de un segundo, dice:)

Hidalgo — ¿Y qué hacía Allende cuando te despachó?

Payo — Estaba registrando unos papeles y mandó ensillar. A lo que yo percibí; para acá viene y no tarda.

Hidalgo — Pues anda adentro a descansar, y ustedes, amigos, permítanme que me retire a contestar esta carta que es ejecutiva, a bien que para mañana diferiremos nuestra tertulia.

Uno — Señor cura, está muy bien. Hasta mañana.

Todos — Que pase usted muy buena noche.

Hidalgo — Que a ustedes les vaya bien. (Vanse.) Amigos, nuestra empresa se ha perdido.

Aldama — ¿Cómo así?

Hidalgo — Lea usted ese papel.

Aldama (Lee.) — «Todos nuestros planes están descubiertos ante el gobierno. Anticipo estas cuatro letras, para que no sorprenda a usted mi llegada a ése, donde le informaré por menor. Soy del...»
¡Válgame Dios! ¿Y quién ha sido el vil americano que ha tenido la bajeza de vendernos?

Hidalgo — Qué sé yo: soy con ustedes.

(Vase.)

Abasolo — Ahora somos perdidos sin remedio. Todo se lo llevó el diablo en un instante. Si la cosa se ha descubierto como dice Allende, nuestra prisión es infalible.

Aldama — Y nuestra ruina también.

Abasolo — ¿Pues qué hacemos?, ¿a qué nos detenemos?; ponernos en salvo es lo más seguro.

Hidalgo — (Con serenidad.) Aquí estamos bien seguros.

Aldama — ¿Aquí, señor?

Hidalgo — Sí, aquí.

Aldama — ¿Y cuál es la seguridad conque contamos?

Hidalgo — Con la que prestan los buenos caballos y las armas.

Abasolo — ¿Y si no nos dan tiempo de tomarlos?

Hidalgo — No se apoquen ustedes que al fin más ha de ser el ruido que las nueces... mas Allende llega... (Se asoma a una puerta.) Sí, él es.

(Sale Allende de capitán con botas y decente.)

Allende — Yo soy, mi amable cura y compañeros.

Hidalgo — Vamos, ¿qué ha sucedido?

Allende — Todo malo. Un eclesiástico de Querétaro ha descubierto al gobierno de México la revolución que teníamos trazada por el 1.º del próximo octubre.

Hidalgo — ¡Qué vileza!

Aldama — ¡Qué iniquidad!

Abasolo — ¡Qué infamia! ¡Un sacerdote! ¡Un ministro de paz, y americano!

Hidalgo ¿Conque ya no tienen duda de nuestras intenciones?

Allende Son tan públicas que hasta Riaño, el intendente de Guanajuato, las sabe. Garrido se delató él mismo...

Hidalgo ¡Qué bastardía!

Allende Ayer intercepté un correo de Guanajuato, en que aquel intendente previene nuestro arresto. Vean ustedes los oficios originales.

(Los entrega a Hidalgo y éste lee en voz alta.)

Hidalgo «Habiendo sabido positivamente que los capitanes don Ignacio Allende y don Juan Aldama, como también don Ignacio Abasolo, tratan de conspirar contra el gobierno, en unión del cura de Dolores, prevengo a usted que sin pérdida de tiempo, proceda a la prisión de Allende y Aldama, que se hallan en esa villa, en lo que hará usted un buen servicio al rey y a la patria. Dios guarde a usted muchos años. Guanajuato 13 de septiembre de 1810. Riaño. Señor subdelegado de San Miguel el Grande.»

(Representa.)

No hay la menor duda, la firma es suya.

Allende — Igual encargo traía don Francisco Iriarte, para arrestar a usted y Abasolo.

Abasolo — ¿Pues qué debemos hacer en este caso?

Hidalgo — ¿Cómo qué?, dar el grito en esta misma noche.

Aldama — ¿En esta misma noche?

Hidalgo — Sí, señor. Ya estamos perdidos, la cosa es innegable pues nos descubren los mismos compañeros, y no es lo peor que nos perdiéramos nosotros, sino que la empresa se pierde, y si nosotros no la llevamos al cabo, acaso no habrá otros que la emprendan. ¿Qué dice usted, Allende?

Allende — Yo, ya sabe usted que siempre sigo gustoso sus disposiciones, y así no tiene sino mandar, y yo obedecer.

Aldama — Pero, ¿con qué gente, con qué auxilios contamos para llevar a efecto una empresa de tanto empeño?

Hidalgo — Con nuestro valor, y con unos muchachos que tengo prevenidos. Entren, hijos.

(Entran diez payos, vestidos al uso de la tierra, unos con carabinas y otros con machetes.)

Hidalgo — Inmediatamente van y ponen presos a los siete españoles que hay aquí, sin maltratarlos, y en un lugar seguro y separado, y esperadnos en la plaza.

Todos — Sí, señor.

(Vanse.)

Aldama — Señor cura, por Dios, ¿qué va usted a hacer? Con diez hombres intentar una revolución, es la mayor temeridad; y luego cometiendo la tropelía de arrestar a los europeos.

Hidalgo — No es tropelía, es prudencia, porque el pueblo que lo verá usted conmovido muy en breve, no los mate.

Aldama — Sin embargo, una vez desconcertados nuestros planes, diez hombres nada valen.

Hidalgo — Pues si ellos no valen nada, yo valgo mucho. Nunca será libre la patria si hemos de andar con tanta cobardía. Si muriésemos en la empresa, otros nos remplazarán; la causa es justísima y general, y por último, el que tenga miedo, que se marche, que yo solo basto para lo que esta noche se ha de hacer.

El patriotismo, amigo, ha de lucir en los peligros, no en los estrados y placeres.

(Al decir esto se ciñe un sable que estará sobre la mesa, y toma su sombrero y su bastón.)

Aldama — Por Dios que me avergüenzo, señor cura, de que atribuya mi prudencia a poco patriotismo o cobardía. Si por tal la ha tenido, yo lo desengañaré. Vamos, vamos a morir por la patria.

Hidalgo — Eso sí, los nobles sentimientos jamás pueden disimularse mucho tiempo. Ea, amigos: ¿juráis defender los derechos de nuestra nación oprimida?

Todos — Sí, juramos.

Hidalgo — ¿Juráis morir, si necesario fuere, por tal causa?

Todos — Sí, juramos.

Hidalgo — Pues a salvar la patria, o a morir.

Allende y todos — Vamos, y desde aquí la patria. Viva.

(Éntranse.)

(Descúbrese vista de calles, en ellas habrá tres tiendas que a su tiempo abrirá el pueblo con hachas, y arrojará la ropa y víveres que habrá dentro. A un lado estará la cárcel: luego que se dejen ver, Hidalgo y compañeros, comenzarán a sonar campanas, y se verán algunas gentes con hachas de brea, discurriendo por todas partes.)

| | |
|---|---|
| Hidalgo | Amigos, ya estamos en la palestra. Vamos a sacar los presos de la cárcel. Es necesario hacer agradecidos. |
| (Llega.) | Ea, el alcaide. |
| Alcaide | Mande usted, señor cura. |
| Hidalgo | Abra la puerta y eche fuera los presos. |
| Alcaide | Yo no puedo en eso obedecer a usted porque están bajo mi responsabilidad. |
| Hidalgo | Si se dilata, es su muerte segura. A ver las llaves. |

(Le encara una pistola.)

| | |
|---|---|
| Alcaide | Ya está, ya está, señor. |

(Le da las llaves, Hidalgo abre y salen unos veinte presos gritando.)

| | |
|---|---|
| Todos | Que viva nuestro padre el cura Hidalgo. |
| Hidalgo | Hijos, a mí no me aclaméis sino a la patria. ¿Estáis gustosos con vuestra libertad? |

Todos Sí, estamos.

Hidalgo ¿Me la agradecéis?

Todos Sí, agradecemos.

Hidalgo Pues, escuchad.

(A este tiempo llegan los diez payos con sables desnudos y carabinas, y uno de ellos traerá una bandera blanca, con una águila. Algunos otros los acompañan con hachas de brea. A la presencia del cura, se paran todos, y éste prosigue:)

«Americanos: nacisteis libres por la naturaleza, como todos los hombres al mundo: la codicia europea descubrió este vasto y rico continente, lo conquistó, esto es, lo usurpó a los indios sus legítimos dueños, y desde entonces han visto y tratado a los hijos del país como sus colonos y aun como sus esclavos.
En vuestra misma patria no sois nada, ni podéis sembrar ni cultivar, sino lo que os permiten como gracia.
Nacisteis en el reino del oro y de la plata, y no tenéis un peso: rodeados de la abundancia, perecéis en medio del hambre y la miseria: el cielo os dotó de talentos despejados, y vivís y morís ignorantes. De esta manera, oprimidos vuestros padres por los españoles, os dejaron pobres, rudos y miserables; y vosotros bajo los mismos principios, no podéis

dejar a vuestros hijos otra herencia que la miseria, la esclavitud y la ignorancia.

Esta suerte de los americanos será eterna mientras no conozcan sus derechos, esto es, que son libres porque son hombres, que nuestra patria ya se halla en estado de gobernarse por sí, sin necesidad de que la gobierne y domine un extranjero que está a dos mil leguas de distancia de nosotros, que nos carga de leyes, nos abruma con gabelas y se lleva a su nación nuestros tesoros.

La justicia nos favorece, podemos ser felices si queremos de un momento a otro. Un empuje generoso se necesita de vuestra parte; pero con unión y constancia. El tiempo presente es el precioso; si lo desaprovechamos, estamos a pique de ser esclavos para siempre.

Ya os lo digo: España, por ahora, tutoreada y aun dominada por la Francia, está imposibilitada de enviar tropas de refuerzo contra nosotros; pero los franceses no carecen de recursos ni intenciones: acaso ellos vendrán y nuestra esclavitud será mayor.

Yo advierto en vosotros una decidida inclinación para recobrar y conservar vuestra libertad; pero también advierto que os detiene lo inermes que os halláis y el no contar con una cabeza que os dirija. Yo os amo mucho, y deseo la libertad de la patria como vosotros; si os resolvéis a seguirme, a pesar de mi vejez y mis achaques, os conduciré a la

victoria con la ayuda de Dios y el favor de estos ilustres compañeros.
¿Qué decís?, ¿queréis vivir esclavos, o ser libres y salvar vuestra patria?»

Unos ¡Viva la libertad!

Otros ¡La patria viva!

Hidalgo (Toma Hidalgo la bandera y les dice:) He aquí, hijos míos, las armas del suelo mexicano, las de vuestros mayores y el símbolo de vuestra libertad. ¿Juráis ante el Dios de los ejércitos y ante la patria derramar vuestra sangre en su defensa?

Todos Sí, juramos: o morir o ser libres...

(Entra uno precipitado.)

Uno Señor, el alboroto es ya general en todo el pueblo, el furor crece por instantes contra los españoles; si no estuvieran presos, ya fueran víctimas de su furor; pero éste se ha encarnizado en sus efectos, han abierto sus tiendas y después de robar, arrojan a la calle lo que resta.

Allende Es muy escandaloso este desorden.

Abasolo Una injusticia es.

Hidalgo — Es cierto, pero ni es política el oponernos a la plebe furiosa, ni tenemos fuerza para el caso. Es de necesidad ceder a las circunstancias.

(A este tiempo entra la multitud, tirando las tiendas y gritando.)

Unos — ¡Muera el gobierno español!

Y otros — ¡Viva la libertad, viva la patria!

Telón

## Unipersonal del arcabuceado

Endechas

¡Gran Dios!, ¿qué me sucede?,
¿qué es lo que por mí pasa?
¿Hoy tengo de morir?
¡Las seis toca el reloj de la mañana!

Pocas horas, ¡ay, triste!,
sonará esta campana
en mis débiles oídos.
Yo tengo de morir... ¡Qué dolor!,
¡qué ansia!
¿Posible es, Dios eterno,
que muera esta mañana?,
¿que muera en un suplicio
en una edad tan joven y temprana?
Sí: moriré... ¡ay de mí!,
moriré... ¡oh, idea ingrata!,
porque mis crueles padres
así en mi corta edad lo decretaran.
Ellos, ¡los infelices!,
son los que ahora me matan,
por no haber arreglado
mis pasiones allá desde la infancia.
Mas, ¡oh, dolor!, ¿qué culpa,
qué culpa se reclama
a unos hombres que acaso
le debieron su cuna a la ignorancia?
¡Ah, jueces!, ¡ah, pastores

a quienes se le encarga
la educación del joven,
que vosotros miráis cual cosa vaga!
Mi sangre ciertamente
correrá esta mañana;
pero, temblad, pues grita
ante el trono de Dios por la venganza.
Si otros curas y jueces
mis padres educaran
en religión y honor,
hoy en esta prisión yo no me hallara.
Pero los jueces sirven
por lo que da la vara,
y los curas (no todos)
por lo que da el curato de pitanzas.
Así nacen los padres
que los hijos procrearan,
ignorantes, gazmoños,
fanáticos, hipócritas, fantasmas.
El que creen sabe mucho,
el que mucho adelanta,
es el que como el loro
la doctrina refiere de Ripalda.
¿Y de moral qué cosa
se dice? Nada, nada.
¿De política? Menos.
¿Del natural derecho? Ni palabra.
¿Qué mucho es que los hombres
así como yo nazcan,
así brutos se críen
sin respetar su propia semejanza?
Yo hice dos homicidios.

Ahora veo mi desgracia
y el daño que a otros hice
por mi mal natural y mi venganza.
Pero no los hiciera
si bien se me enseñara
los estragos que la ira
atrae al que no sabe refrenarla...
Mas... ¡ay de mí!, ya tocan
en la calle las cajas.
La tropa viene. Vamos.
Hoy soy un espectáculo de farsa.
Con verme perecer,
una multitud de almas
hoy se va a divertir,
cual si fuera al circo o a una danza.
Todo me lo merezco...;
yo soy, yo soy la causa.
Valedme, Dios eterno.
Voy a pagar por muchos...
Cuida mi alma.
Sí, Señor; si yo viera
pasarse por las armas
a cualquier homicida,
tal vez mis intenciones refrenara;
pero vide que muchos
indulgencia lograban
por iguales delitos,
y a dos hombres
maté con tal confianza.
Si los jueces, Señor,
como hoy, me castigaran
por la primera que hice,

la del sargento yo no ejecutara.
Voy a morir, Dios mío;
mi sangre se derrama;
mas de curas y jueces,
como lo has dicho, exige la venganza.
Yo cometí un delito,
y la justicia aguarda
en pública vindicta
que con mi muerte se le satisfaga.
Ya oigo bastante ruido;
ya redoblan las cajas;
y ya los capellanes
me sacan al suplicio... ¡Qué hora amarga!
Ya camino entre miles
de voces y algazara
con los ojos vendados
y lleno de exorcistas y plegarias.
Ya llegué al cruel lugar,
ya en el banquillo me atan,
y ya, según advierto,
las armas a mi muerte las preparan.
¡Ojalá que con ella
muchos escarmentaran
y en sus pechos no dieran
lugar a la ira, al odio, a la venganza.
Apunten, dicen... ¿Qué oigo?
Mi espíritu desmaya...
Dios piadoso, favor,
pues en tus manos encomiendo mi alma.

Nota: Si el infeliz Celestino Ramírez, soldado del regimiento de caballería número 9, hubiera tenido mejor educación, es probable que hoy no hubiera muerto fusilado en la temprana edad de veintiún años, por haber cometido un homicidio en la provincia de Guanajuato y perpetrado otro alevosamente en Jalapa, en la persona del sargento de su compañía, Guadalupe Mendoza; y si hubiese tenido un talento más despejado, él lloraría la causa de su ruina con palabras más tiernas y enérgicas que las que yo pongo en su boca.

El Pensador

# La tragedia del padre Arenas

## Personajes

El Comisionado Regio
La Intriga, dama.
La Traición, dama.
La Hipocresía, vestida de beato.
El Interés
El Fanatismo
El padre Arenas
Varios clérigos, frailes y paisanos

## Acto I

Salón corto, y en él el Comisionado, Arenas y los demás.

Fraile
Sea vuecencia bienvenido
a este reino insolentado.

Comisionado
Con solo haber yo llegado,
presto lo veréis rendido.

Fraile
La gente del septentrión
siempre a su rey dócil fue.

Comisionado
Eso ya yo bien lo sé.
Esta fatal rebelión
obra es de cuatro tunantes,
que revestidos de egoísmo,
afectando patriotismo,
se han declarado aspirantes.

Fraile
¡Con qué acierto habla vuecencia!

Otro
Y con más se profiriera
si, por dicha, aquí estuviera
en toda la independencia.

Comisionado
Sin haber estado aquí
de todo estoy informado,
porque exacta cuenta han dado
desde México a Madrid
nuestros más fieles amigos,

no solo de lo que hicieron,
sino aun de lo que dijeron
nuestros viles enemigos.
Pero como a mi honor toca
no proceder de ligero,
recibir informes quiero
y que sean de vuestra boca.
Un pueblo que a ser empieza
libre, siempre es entusiasta,
y este entusiasmo nos basta
para malograr la empresa.

Fraile

No dé a vuecencia cuidado
lo que ese axioma publica,
pues aquí se falsifica.
No estando civilizado
bastante el pueblo, su empeño
para hacerse independientes
como cosa de insurgentes
siempre parará en un sueño.

Comisionado

O no, que están constituidos
con sagacidad y maña.

Fraile

Pero a las leyes de España
están siempre sometidos.

Comisionado

Eso prueba discreción,
pues siendo buenas las leyes,
¿qué importa las den los reyes
o las haga una nación?

Fraile	Señor, discreción sería
si supieran distinguir
las que pueden convenir
a su país o a monarquía;
mas ellos han admitido
leyes nuestras, que en verdad
era de necesidad
las hubieran abolido.

Comisionado	¿Conque podemos obrar?

Fraile	Señor, nada hay que temer.
Saben bien obedecer
pero no saben mandar.

Comisionado	No obstante eso, mis amigos,
por seis años han mandado.

Fraile	Y en este tiempo han logrado
aumentar sus enemigos.
Por no tener energía
ni valor de castigarlos,
con solo disimularlos
aumentan más su osadía.

Comisionado	¿De qué enemigos habláis?

Fraile	Señor, de los gachupines,
de algunos criollos bien ruines
y de éstos que aquí miráis.

Comisionado	¿Pues qué es su enemigo el clero?

Fraile — En su mayor parte no;
pero piensan como yo
no pocos.

Comisionado — Muy bien infiero
que es muy noble la elección
de frailes en esta tierra
para que enciendan la guerra
por causa de religión.

Fraile — Vuecencia dispensará
que éste es cargo de nosotros.

Comisionado — Fío mucho de vosotros
para la empresa. Mas ya
me ocurre que la opinión
es contra todo español.

Fraile — Somos los hijos del Sol
y nos defiende la Unión.
Esa tercer garantía
que nos dejara Iturbide
es la muralla que impide
de los criollos la osadía.

Comisionado — Pues con toda esa esperanza,
aseguro en conclusión
que es mejor la precaución,
que no la vana confianza.
Ésta solo la tendré
fundada en vuestra lealtad,

valor y fidelidad,
discreción y buena fe.
Y pues para nuestro intento
nada nos resta que hacer,
bien podemos proceder
a prestar el juramento.
Sobre la cruz de mi espada
juro defender la ley
de Dios y volver al rey
esta tierra infortunada.

Todos

Con lo que Fernando manda
juramos todos cumplir
vencer, señor, o morir
gloriosos en la demanda.

Hacen salva con las manos, se abrazan todos y se da fin al Acto.

## Acto II

El mismo salón. El Comisionado, sentado en silla de terciopelo con bufete delante, y la comitiva en taburetes.

Comisionado Ya que hemos jurado,
¡amados compañeros!,
ser fieles al monarca
mejor que conocieron
las pasadas edades
y los presentes tiempos;
ya que todos estamos
ciertamente resueltos
a vengar los agravios
que estos criollos perversos,
rebeldes y traidores
a su corona hicieron,
separándose infieles
de su yugo paterno;
y ya que decididos
con sacro juramento
estamos a morir
o sus reales derechos
sostener, y que vuelvan
estos rebeldes reinos
a recibir el yugo
del borbónico imperio,
es preciso os presente
el plan o reglamento
que debe conducirnos
en este grande empeño,

para que si advirtiereis
que contiene algún yerro,
lo notéis, pues que solo
se consulta el acierto.
¿Os parece?

Fraile
Señor,
cuando os reconocemos
nuestro muy digno jefe,
comisionado regio,
en quien Fernando el Grande
sus confianzas ha puesto,
decir solo nos toca
que los vuestros preceptos
serán obedecidos,
desde luego, al momento
que se nos comuniquen,
sin excusa o pretexto
que entorpecer pudiere
su puntual cumplimiento;
y así solo deseamos
oír el plan propuesto,
para admirar en él
vuestros grandes talentos
y ponerlo por obra,
que es todo nuestro anhelo.

Comisionado
De vuestra conocida
lealtad y amor sincero
que tenéis al monarca,
no esperaba yo menos.
A su nombre y al mío

daros las gracias debo
por vuestra deferencia
a sus reales preceptos,
esperando que llegue
el muy deseado tiempo
en que vuestras virtudes,
heroicidad y esfuerzo
os hagan acreedores
a los más dignos premios,
que os están prevenidos
por el monarca ibero.
El plan es el que sigue;
escuchad con silencio
pues ya comienzo a leer.
«Artículo primero.
La religión cristiana
en todos estos reinos
será reconocida
en su esplendor ileso,
como era el año de 8,
poniendo el justiciero
tribunal de la fe
para que haga escarmientos
de herejes, de masones,
publicistas perversos
que la soberanía
atribuyen al pueblo.»
«Artículo segundo.
Declarar que este reino
es propiedad y herencia
del monarca supremo
de España, por lo cual

deberá su gobierno
reinstalarse, conforme
está el que allá tenemos
que es el más acertado.»
«Artículo tercero.
Nombrarán los obispos
y los cabildos mesmos
una nueva regencia
que gobierne estos pueblos
a nombre del monarca
hasta su real decreto.»
«Cuarto. Dar pasaporte
a cuantos extranjeros
no hayan manifestado
adhesión y respeto
al señor de ambos mundos,
a Fernando el supremo,
entrando en esta cuenta,
por razón de extranjeros,
aun los mismos ministros
de diferentes reinos.»
El artículo quinto
es en provecho vuestro.
«A los capitulados
vuélvanse los empleos,
los destinos y grados
que antes obtuvieron,
que restituir es justo.»
El artículo sexto
dice: «Los oficiales
que leales y discretos
se adhieran este plan,

obtendrán desde luego
los destinos y honores,
preeminencias y empleos
que en el año de 20
tenían, en justo premio
de su servicio al rey...».
¿Qué decís, compañeros?
¿Aprobáis, pues, el plan?

Fraile

Es muy justo, ligero
y católico... en fin,
obra de un gran talento;
lo que se falta es que ponga
desde luego en efecto.

Comisionado

¿Juráis, pues, todos juntos
fielmente obedecerlo?

Todos

Sí juramos. No quede
vivo el traidor protervo
que lo desobedezca
ahora ni en ningún tiempo.
Esto juramos todos
sin mentira ni miedo,
y si quiere vuecencia
también lo firmaremos
con cuanta sangre anima
nuestros valientes cuerpos.

Comisionado

¡Españoles al fin!
Así me lo prometo
de vuestra bizarría

y muy noble ardimiento.
Daros gracias quisiera
en brillante dialecto
por tanta heroicidad.
Ya la victoria cuento
con tan leales soldados
y valientes guerreros;
pero pues que no es dado
a mis cortos talentos
elogiar dignamente
vuestro valor, os ruego
mi gratitud admitan
en un pequeño obsequio.

(Toca una campanilla y los criados sacan una mesa decente, en la que se pone un buen refresco. Se levantan todos y brindan por el rey de España, por la santidad de León XII y sus memorables encíclicas, por la reconquista de este reino, por la de Colombia, Chile, Buenos Aires y Guatemala, y aun hubo quienes brindaron por el coronel Iturbide, Plan de Iguala y tercera garantía, y otros por la vana confianza, miramientos y disposiciones del gobierno actual. Pasados los brindis, se concluyó el Acto II.)

## Acto III

El mismo salón y los mismos Actores.

Comisionado

Ilustres compañeros,
hijos de Marte, impávidos guerreros
a quienes los Ulises, los Alcides,
los Pelayos, los Cides,
Pompeyos y Scipiones
reconocen cual leones
de valor tan profundo,
que a su rugido solo tiembla el mundo
ya se acerca el instante
de llevar nuestros planes adelante,
para lo cual es justo
comisionaros; pero vuestro gusto,
vuestra elección, inclinación y ciencia
yo quiero consultar, pues la experiencia
a cada cual advierte
para qué es útil, para qué es inerte;
y así cada uno diga
qué es lo que puede hacer y a qué se obliga.

Fraile

Todos obedecemos,
mas primero queremos
que hablen las damas.

Comisionado

Yo también lo quiero;
tal querer es deber de caballero.
Señora doña Intriga, dama hermosa,

¿vos qué podéis decir?

Intriga — Yo, poca cosa.
Introducirme en las secretarías
y hacer con disimulo de las mías.
Revolver los ministros y oficiales;
hacer que unos de otros sean rivales;
que crean son provechosas
providencias que dicten ominosas,
como la desmembranza,
de las tropas que hoy son de su confianza;
de México sacarlas con pretextos
que juzguen por muy justos, muy honestos,
para que así, dispersas
por mil partes diversas,
no puedan auxiliarse
y el enemigo pueda aprovecharse
de la tal división. También intento
no perder un momento
para que se asegure, y sin demora
el estado mayor...

Comisionado — Basta, señora;
sois útil, en efecto;
con solo realizar ese proyecto
tenemos lo bastante
para llevar los planes adelante;
porque el choque inminente
del estado mayor y el presidente
que habrá... ¡verdad notoria!,

pondrá en vuestras manos la victoria.
¿Vos qué podéis hacer?

Traición ¿Yo? Que inhumanos
muchos americanos
que tienen de chaquetas mil resabios,
o recordando agravios,
o ya con ambición muy importuna,
creyendo hacer fortuna
en esta nueva guerra,
contra su misma tierra
con traición denonada
encaren el fusil, tiren la espada
y la sangre derramen inhumanos
de sus padres, amigos y paisanos.

Comisionado Su fortuna se labra
la Traición si nos cumple su palabra.
Y vos, señora beata,
¿a qué os comprometéis?

Hipocrecía ¿Yo?, ¡patarata!,
a andar con mi rosario y con mis novenas
en las casas ajenas
a todos inquietando,
y gruñendo y rezando
salmos y letanías
haré que aprendan bien las mañas mías.
En fin, soy muy humilde y no me agrada
alabarme a mí propia para nada.
Que llegue la hora, sí, no me rebajo,

y vuecencia verá que tal trabajo.

Comisionado
En la guerra, hija mía,
poco tendrá que hacer la Hipocresía.
¿Y vos qué haréis, amigo y compañero?

Interés
¿Contamos con dinero?

Comisionado
Sí, señor Interés, con él contamos.

Interés
Pues nuestros planes ya los realizamos.
Yo me introduciré con mucho tiento
con miles de onzas de oro al campamento
de nuestros enemigos,
y en un decir Jesús, nuestros amigos
volveré a muchos jefes y oficiales,
siquiera los viciosos más fatales
que al oro sacrifican sin violencia
su honor, su bienestar y su existencia;
que por lo que respecta a los soldados,
yo os daré reclutados
cincuenta o ciento diarios.

Comisionado
¿Cómo es eso?

Interés
Ofreciéndole un peso
de prest a todo aquel que se deserte
y que venga a buscar...

Comisionado
Será su muerte
pues un traidor merece

morir a manos del que favorece;
y vos, fray Fanatismo reverendo,
¿qué de cosas haréis?

Fanatismo

Soy estupendo.
Haré mil maravillas auxiliado
de tanto fraile honrado,
que predicarán listos
con sables, con pistolas y con cristos
a la gente vulgar y a la canalla,
que está el cielo irritado
con ellos por haberse separado
de nuestra madre España,
seducidos con maña
por los independientes,
perjuros, revoltosos, disidentes,
herejes, desalmados,
francmasones, judíos, excomulgados
infames y traidores
dignos de los rigores
del español gobierno
y, después, de las penas del infierno.
Predicarán también con grito fuerte
que si la temporal y eterna muerte
que tienen merecida
quisieran evitar, muden de vida,
por siempre abandonando
las ideas liberales, y a Fernando
reconociendo rey y sin segundo
señor de España y deste Nuevo Mundo.
Predíquenles también a grito herido
que los han seducido,

que los han engañado,
que esos que llaman héroes, ahora y
antes
han sido unos herejes, protestantes,
dignos de mil hogueras
o de morir a manos de las fieras.
Que la soberanía
es peculiar del rey; que es herejía,
condenada por mil Inquisiciones,
el decir que reside en las naciones.
Que si por el Señor reinan los reyes,
es claro que sus leyes
deben obedecerse ciegamente
por cualesquiera gente
que precie de cristiana
católica y romana,
y hacer quisiera vida meritoria
para agradar a Dios e irse a la gloria.
Y vos, ¡oh, confesores!,
de los predicadores
secundaréis al punto esa doctrina
tan segura, tan suave y tan divina,
haciendo ver a vuestros penitentes
que los independientes
son herejes, masones y demonios;
y esto con testimonios
de la santa escritura
lo probaréis por cosa muy segura,
y que están obligados en conciencia
a denunciar cualquier ocurrencia
en donde se hable contra gachupines;
lo que les probaréis con mil latines,

haciendo que denuncien conocidos,
hijos, hermanos, padres y maridos
al superior gobierno,
si quieren escaparse del infierno.
Todo esto se ha de hacer con modo y arte;
pero, por otra parte,
do no bastare persuasión y ruego,
entrad a sangre y fuego,
en el nombre de Dios crucificado,
esas malditas gentes;
entrad, digo otra vez, frailes valientes;
pillad, quemad, talad campiñas, casas;
dejadlo todo reducido a brasas,
después de asesinar como cristianos
hombres, mujeres, niños y aun ancianos,
y de este modo, al fin de la victoria
os haréis acreedores a la gloria.

Comisionado

Con placer he escuchado
vuestro sermón, mi padre, y me ha agradado,
pues con él considero
logrados nuestros planes por entero;
mas es preciso que circulen pronto.
Un sujeto no tonto,
valiente, de carácter, animoso,
resuelto y malicioso,
para empresa tan alta
es solamente aquí lo que me falta.

Fraile — Pues quien puede reunir prendas tan buenas
es nuestro hermano fray Joaquín Arenas.

Arenas — Servidor de vuecencia.

Comisionado — Déme los brazos vuestra reverencia.
Yo de usted me prometo
que con juicio y secreto,
arte, sagacidad, industria y maña
hará el negocio de la madre España,
con disimulo la opinión sembrando
y prosélitos buenos resultando.

Arenas — Descanse vuecencia sin cuidado,
que pues del padre Arenas se ha confiado,
todo estará concluido
y muy pronto, señor.

Comisionado — Id entendido
que en casos semejantes
es menester ser cautos, vigilantes
y estudiar de los hombres las miradas.

Arenas — Son para mí lecciones olvidadas
las que vuecencia se ha servido darme.
Yo sé bien conducirme y sé portarme.
A los americanos
los conozco, señor, como a mis manos.
Son débiles, cobardes, ignorantes;
con dos o tres gigantes

que les sepan pintar, vuelven casaca
y dejan sus promesas en la estaca.
Verá vuecencia, sí, qué de oficiales,
comerciantes, empleados, generales
no le presento...

Comisionado ¿Y cuándo?

Arenas Eso según los fuere resultando.

Comisionado Pero es mucho ofrecer.

Arenas Antes es poco;
aún más me atrevo a hacer, no soy motroco,
pues si se pica más mi vanagloria,
he de traer a Guerrero y a Victoria.

Comisionado No, no se empeñe tanto, camarada,
y vayamos a hacer una frailada.

Arenas A ver, señor, los planes, que ya es tarde
y quiero hacer de mi valor alarde.

Comisionado Aquí los tiene vuestra reverencia;
con ellos vaya Dios.

Arenas Y con vuecencia
quede también, y duerma sin cuidado,

que el tiempo le dirá de quién se ha fiado.

(Se va.)

Comisionado

Todo está ya concluido, caballeros;
id, pues, a trabajar.

Fraile

Nuestros esmeros
pondremos en campaña,
y antes también.

Comisionado

Digamos viva España,
viva la religión, viva Fernando
y muera esta república rabiando.

(Palmoteos y se da fin al Acto.)

## Acto IV

(La misma sala: en ella el Comisionado registrando papeles.)

Comisionado — Estos planes son seguros;
la cosa puede lograrse,
y más si pueden juntarse
cuatro millones de duros.
Tiemblen nuestros enemigos,
porque con estos millones,
mis buenas disposiciones
y el favor de mis amigos...

(Sale un Criado precipitado.)

Criado — Escapad, Comisionado.

Comisionado — ¡Cómo! ¿Pues qué ha sucedido?

Criado — Que el fraile nos ha vendido
y el diablo nos ha llevado.

Comisionado — ¿Cómo así?

Criado — No hay cómo así.
Ya fray Joaquín está preso
y a usted le hiede el pescuezo
a cáñamo como a mí.

Comisionado — ¿Qué es eso? ¿Qué estás diciendo,
hombre, que me vuelves loco?

Criado Con razón; no lo estoy poco
y más que me iré poniendo.

Comisionado Cuéntame, pues, el pasaje
con sencillez, cómo fue.

Criado Sí, señor, pues oiga usted
y muérase de coraje.
Salió el padre muy garboso,
valiente y precipitado,
muy firme, muy denodado
y resueltamente brioso;
cargó con el plan fatal
derecho a casa de Mora...

Comisionado ¿Y quién es esa señora?

Criado El capitán general.

Comisionado ¿Y qué el fraile al comandante
de armas el plan le llevó?

Criado Al mismo.

Comisionado ¿Y qué sucedió?

Criado Nada: le echaron el guante,
y para que no se vaya
con industrias ni con tretas,
le han puesto un par de calcetas,
pues, de la mera Vizcaya.

Comisionado ¡Jesús! Hombre, esto está malo;
y al fin; ¿en qué parará
fray Joaquín?

Criado Nada, en que irá
con palma y corona al palo.

Comisionado ¿Cómo con palma y corona?
¿Pues qué, es mártir?

Criado Qué sé yo;
pero así se los espetó
al señor Mora en persona.

Comisionado ¡Qué fraile! ¡Qué inadvertencia!
A todos nos ha perdido.
¡Quién le hubiera conocido!

Criado ¡Mal haya su reverencia!

(Entran de tropel todos los demás conspirantes.)

Fraile Señor.

Comisionado Nada me digáis,
porque ya todo lo sé.

Fraile No todo.

Comisionado ¿Pues cómo?, ¿qué?

Fraile
Es preciso que me oigáis.

Comisionado
¿El fraile me ha descubierto?

Fraile
Solo el nombre.

Comisionado
¡Qué ligero!
Si supiera el verdadero
lo hubiera dicho por cierto.
¡Qué fraile tan condenado!

Fraile
Endemoniado, señor;
no lo hubiera hecho peor
si se le hubiera pagado.

Comisionado
¿En qué estado está el proceso?

Fraile
En el grado más fatal,
porque ha pedido el fiscal...

Comisionado
¿Qué cosa?

Fraile
Solo el pescuezo.

Comisionado
Aunque el pedimento aterra,
como el juicio es militar
bien lo puede reformar...

Fraile
¿Quién?

Comisionado
El consejo de guerra.

Fraile

Es muy vana, si se advierte,
la esperanza de vuecencia,
pues todos a competencia
lo sentenciaron a muerte.

Criado

Son unos tales y cuales
los que sentencian a un santo.

Comisionado

Calla, yo hiciera otro tanto
si afianzara a los vocales.

(Ruido de tiros, y entra azorado un hombre.)

Hombre

¡Jesús me valga en mis penas!
¿Qué es lo que pasa por mí?

Comisionado

¿Qué te ha sucedido, di?

Hombre

Que fusilaron a Arenas.

Comisionado

¿Cómo, hombre?

Hombre

Muy fácilmente.
Los soldados lo llevaron,
por la espalda le apuntaron,
¡trum!, y cayó de repente.

Comisionado

¿Y hay más presos?

Hombre

Un montón,
y tal vez otros caerán.

Comisionado — No son todos los que están,
ni están todos los que son.

Criado — ¡Qué desgracia!

Otro — ¡Qué sorpresa!

Comisionado — Que es desgracia considero;
mas de ella sacar espero
ventajas para la empresa,
pues si un fraile se ha perdido
por ligero e imprudente,
ya obrarán más cautamente
los que le han sobrevivido.

Fraile — Si en solo el fraile parara...

Comisionado — Aunque mueran veinte o treinta
cuando les hagamos cuenta,
nos la pagarán bien cara.
Ahora es menester constancia;
sagacidad, no furor;
juicio, prudencia, valor,
disimulo y vigilancia.
El gobierno envanecido
con el triunfo dormirá;
sí, dormirá, si es que ya
a esta hora no está dormido.
Cuando a un fraile ha fusilado
y tiene otros pocos presos,
dirá que ha hecho mil excesos
de rigor y asegurado;

creerá todo el septentrión
a nosotros confundidos,
medrosos y disuadidos
de seguir la rebelión
si en esta muerte, en efecto,
se apoyare su confianza,
yo no pierdo la esperanza
de realizar el proyecto
de la heroica reconquista
de este vasto continente.
Morirá todo insurgente;
sí, morirá a letra vista,
con tal que haya orden y modo
francos con los enemigos,
fingiéndonos sus amigos
y observándolos en todo.
La intriga y el fanatismo,
los frailes y el interés
trabajarán a la vez,
y, trabajaré yo mismo.
Es nuestro primer deber
confianza inspirarles mucha,
y así a la hora de la lucha
no se podrán defender.
El dividir la opinión
es un bello pensamiento,
y para tan noble intento
que sirva la religión.
Para esto es muy necesario
que los nuestros de ambos cleros
aprovechen con esmeros
púlpitos y confesionarios;

porque aquí, para entre nos,
es fanática esta gente,
y morirá alegremente
si cree que muere por Dios.
Diligencias son forzosas
corromper a los congresos
para que hagan mil excesos
y dicten leyes odiosas,
tratando una y muchas veces
de encarnizar los partidos,
para que estén desunidos
los yorkinos y escoceses.
De este modo la opinión
dividida se hallará,
y el golpe se les dará
sin que haya contradicción.

Fraile

A Mora el comandantillo,
a Tornel y al fiscal Facio
juro a Dios que muy despacio
los he de hacer picadillo.

Interés

Yo como afiance a Victoria
y a Vicentillo Guerrero,
haré que con este acero
no quede de ellos memoria.

Fanatismo

Yo a cuantos americanos...

Comisionado

Basta, amigos, de bravear,
las lenguas han de callar
y que hablen solo las manos

a su tiempo. Oíd lo que os digo
no es gran cosa ni decente
el echarla de valiente
a espaldas del enemigo.

Interés — Pues a las obras, señor.

Fraile — Yo a las obras me remito.

Otro — Pues yo lo mismo repito.

Comisionado — Eso será lo mejor.

Fraile — Temo que nuestra intención
el gobierno desbarate,
pues su fuerza se recate
y tema esta prevención.

Comisionado — Yo pienso por el contrario,
pues por ahora está confiado
y se juzga asegurado
sin temor a su adversario.

Fraile — De este gobierno, señores,
creíbles son tales arrojos,
si es que no le abren los ojos
los malditos escritores.

Comisionado — Fárragos he visto enteros
de esos que llamáis autores,
y he leído en tales primores
la obra de mil chapuceros.

Papeles necios y fríos,
fraudulentos y cansados,
insulsos, desvergonzados,
torpes, groseros e impíos
vomitan aquí las prensas,
y creo que aun los cargadores
pueden meterse a escritores
en diciendo desvergüenzas.
Papel son, ¡voto a tal!,
que causan náusea y coraje,
pues estropean el lenguaje
y, corrompen la moral.
Éstos en la vida, amigo,
crea usted que al gobierno instruyan
en contra nuestra, aunque fluyan
a millones.

Fraile

Yo lo digo.
Esos chambones rastreros
dan muy poco que temer;
pero hay otros que a mi ver
son temibles escritores,
porque escriben con lisura,
con juicio y moderación,
sosteniendo la opinión
con dignidad y cordura.
Persuaden sin maldecir,
ilustran sin pedantear,
reprueban sin injuriar
y convencen sin mentir.
Papeles de tal tamaño
temo yo más que al infierno,

porque instruyen al gobierno,
y esto cede en nuestro daño.

Comisionado

Yo por mi parte veré
todo eso como oropeles.
¿Qué importan tales papeles
si el gobierno no los lee?

Fraile

En Puebla los compañeros
que hay presos van delatando
a gran prisa y van cantando,
pero como unos jilgueros.
Al padre Hidalgo lo asgaron
y con otros lo prendieron;
a Arana ya lo cogieron
y a Martínez lo enjaularon.
Mañana caerá Negrete,
Chavarri, y éste y los otros,
y luego a todos nosotros
nos liarán como un cohete,
y por buena providencia
nos excusarán de penas,
haciéndonos lo que a Arenas,
sin que se escape vuecencia.

Comisionado

Es de temer, a fe mía,
ese fin tan inclemente,
si este gobierno insurgente
prosigue con energía
en nuestra persecución,
pues si derriba cabezas
de realistas, adiós proezas,

adiós de mi comisión.

Fraile — Pierda vuecencia cuidado,
que no ha de llegar a tanto;
este gobierno es un tanto
piadoso y considerado.
Son a la vez muy severos
los jueces americanos;
pero es con sus paisanos,
mas no con los extranjeros.
Ya reos de lesa nación
tiene muchos, pero apenas
puede ser que muera Arenas
por contentar la opinión.

Comisionado — ¿Cómo?; ¿pues no me han contado
que ya ese fraile murió?

Fraile — Eso no lo dije yo,
lo dijo un cobarde criado
que temor solo respira.
Éste unos tiros oyó,
que era ejecución pensó
y ha contado tal mentira.

Comisionado — ¿Y por qué no han fusilado
a ese fraile? Ya el proceso
está concluido, confeso
y convicto el sentenciado.

Fanatismo — Eso de degradación
creo que los trae en temores.

Comisionado

¡Oh, qué piadosos señores!
¡Bien haya su religión!
Pero si se me lograra
mi grande empresa algún día,
mil frailes fusilaría
y a ninguno degradara.

Fanatismo

A continuar decididos
estamos todos, señor.

Fraile

Viva el español valor
muertos, pero no vencidos.

Comisionado

La piedad americana
que viva también diremos,
pues con ella venceremos
cuando no fuere hoy, mañana.

Fin

## Libros a la carta

A la carta es un servicio especializado para
empresas,
librerías,
bibliotecas,
editoriales
y centros de enseñanza;
y permite confeccionar libros que, por su formato y concepción, sirven a los propósitos más específicos de estas instituciones.

Las empresas nos encargan ediciones personalizadas para marketing editorial o para regalos institucionales. Y los interesados solicitan, a título personal, ediciones antiguas, o no disponibles en el mercado; y las acompañan con notas y comentarios críticos.

Las ediciones tienen como apoyo un libro de estilo con todo tipo de referencias sobre los criterios de tratamiento tipográfico aplicados a nuestros libros que puede ser consultado en Linkgua-ediciones.com.

Linkgua edita por encargo diferentes versiones de una misma obra con distintos tratamientos ortotipográficos (actualizaciones de carácter divulgativo de un clásico, o versiones estrictamente fieles a la edición original de referencia).

Este servicio de ediciones a la carta le permitirá, si usted se dedica a la enseñanza, tener una forma de hacer pública su interpretación de un texto y, sobre una versión digitalizada «base», usted podrá introducir interpretaciones del texto fuente. Es un tópico que los profesores denuncien en clase los desmanes de una edición, o vayan comentando errores de interpretación de un texto y esta es una solución útil a esa necesidad del mundo académico.

Asimismo publicamos de manera sistemática, en un mismo catálogo, tesis doctorales y actas de congresos académicos, que son distribuidas a través de nuestra Web.

El servicio de «libros a la carta» funciona de dos formas.

1. Tenemos un fondo de libros digitalizados que usted puede personalizar en tiradas de al menos cinco ejemplares. Estas personalizaciones pueden ser de todo tipo: añadir notas de clase para uso de un grupo de estudiantes, introducir logos corporativos para uso con fines de marketing empresarial, etc. etc.

2. Buscamos libros descatalogados de otras editoriales y los reeditamos en tiradas cortas a petición de un cliente.

Printed in Poland
by Amazon Fulfillment
Poland Sp. z o.o., Wrocław